Croc !
Miam !

Textes et recettes de Christelle Chatel
Illustrations de Stéphanie Ronzon et Fred Multier

La cuisine des ♥ super copines !

Miam ! Miam !

Stylisme d'Élisabeth Hebert
Photographies de Lionel Antoni

FLEURUS

« À toutes les gourmandes, les apprenties pâtissières et les futures chefs cuisinières !
À mon petit marmiton... »
C. C.

« Pour Mina, Liv et Soundous, les super gourmandes. »
F. M. et S. R.

A CAPPELLA
éditeur pour Fleurus

Direction : Guillaume Arnaud
Direction éditoriale : Sarah Malherbe
Édition : Anna Guével
Direction artistique : Élisabeth Hebert
Conception graphique : Amélie Hosteing
Fabrication : Thierry Dubus, Catherine Maestrati

Site : www.editionsfleurus.com
ISBN : 978-2-2150-4805-3
N° d'édition : 09021

Introduction

Miam-miam ! Aujourd'hui, c'est toi qui cuisines !
Tu adores les gâteaux au chocolat,
les sandwichs rigolos et les pâtes à la bonne sauce
tomate ? Avec ce livre, tu seras capable
de les préparer comme une grande...
avec papa ou maman à côté de toi !

Au fil des saisons, découvre vite les recettes préférées
des super copines.

Bon appétit !

Note aux parents :
Ne laissez jamais votre enfant sans surveillance dans la cuisine !
Veillez à ce qu'elle ne manipule pas seule des objets coupants
ou des appareils électriques.

Sommaire

• Les recettes d'été •

• Les recettes d'automne •

• Les recettes d'hiver •

Le plaisir de faire la cuisine !

Cuisiner, c'est l'occasion d'apprendre en s'amusant et de faire plaisir aux autres !

Choisir une recette

Ce soir, tu as envie de faire plaisir à papa et maman en préparant avec eux un bon dessert. Tourne les pages de ton livre, tu trouveras vite la recette idéale !

Les courses

Tu as choisi des recettes ? Note sur un papier les ingrédients dont tu as besoin. C'est parti, on fait les courses !

Au marché...

Quel plaisir d'admirer les légumes et les fruits de toutes les couleurs sur les étals du marché ! On a envie de tout goûter !

... ou au supermarché

À toi de conduire le Caddie ! Regarde bien les pancartes au-dessus de chaque rayon. ÉPICERIE, BOISSONS, PRODUITS LAITIERS… les aliments sont rangés par familles. Termine toujours tes courses par les produits frais et les surgelés. Ils risquent de ne plus pouvoir être consommés s'ils sont restés trop longtemps à température ambiante.

Bien regarder les étiquettes

Pour chaque ingrédient, vérifie la quantité inscrite sur l'emballage. Attention : n'oublie pas de lire la date limite de consommation !

Chez les commerçants

Jouer à la marchande, tu adores ça. Et quand maman te laisse demander toute seule au boulanger ce dont tu as besoin, tu es vraiment très fière !

A la ferme-cueillette

Ramasser toute seule les fruits et les légumes au pied des arbres ou dans un potager, c'est un vrai bonheur !

Les rituels

Avant de commencer à cuisiner, il faut te laver les mains et vérifier la propreté de tes ongles. Attache tes cheveux et protège-les avec ton bandeau préféré. Oh ! le beau tablier ! Tu es une vraie chef cuisinière !

Le plaisir des sens

Toucher la nourriture avec les doigts, sentir la bonne odeur des fruits, goûter la sauce au chocolat, entendre les glou-glou de l'eau qui bout : cuisiner, c'est vivre plein d'expériences !

Abracadabra, tu es une magicienne !

Une pâte toute liquide devient un magnifique gâteau, une purée de fruits se métamorphose en esquimau : quand tu cuisines, tout se transforme comme par magie !

Les tables de conversion du marmiton

centilitres	fractions de litre
100 cl	1 litre
75 cl	3/4 litre
50 cl	1/2 litre
25 cl	1/4 litre
20 cl	1/5 litre
12,5 cl	1/8 litre
10 cl	1/10 litre
5 cl	1/20 litre

thermostat	degrés
1 à 2	30 - 90 °C / à peine tiède
3 à 4	100 - 120 °C / tiède
5	150 - 160 °C / doux
6	170 - 180 °C / moyen
7	200 - 210 °C / chaud
8	220 - 240 °C / très chaud
9	250 - 270 °C / très très chaud
10	290 - 300 °C / très très très chaud

Ces indications sont données à titre indicatif pour un four traditionnel. Elles peuvent varier pour un four à chaleur tournante.

Les ustensiles

Être bien équipée pour cuisiner, c'est important !

Le verre doseur pour obtenir les quantités en grammes (farine, sucre...) et en centilitres (lait, huile...). C'est facile, il ne faut pas dépasser le trait !

La balance pour peser les aliments en grammes. La farine, mais aussi les légumes ou le chocolat !

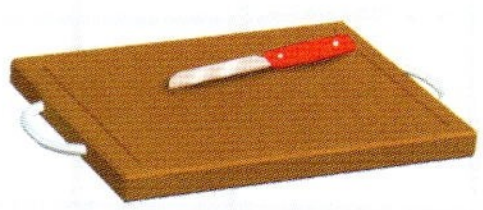

La planche à découper et les couteaux à bout rond : indispensables pour découper les fruits en tranches ou le jambon en dés !

L'Économe : un drôle de couteau avec deux fentes pour éplucher les légumes et les fruits, mais aussi prélever le zeste du citron ou des copeaux de chocolat !

Le fouet et la cuillère en bois pour rendre la préparation bien lisse...

Le robot mixeur : zzzzz... pour mélanger à la vitesse de l'éclair !

Les bols et les saladiers suffisamment grands pour mélanger sans tout faire déborder.

Les casseroles et les poêles pour faire fondre le chocolat, le beurre ou cuire des crêpes.

La spatule en bois ou en plastique, elle ne raye pas le fond de la poêle ou du moule.

La passoire pour égoutter les pâtes, le riz… ou bien rincer des légumes sous l'eau.

Le rouleau à pâtisserie pour bien étaler la pâte, comme une vraie chef pâtissière !

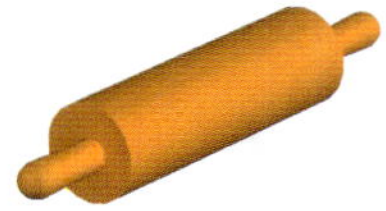

Les moules en silicone, avec plein de formes rigolotes. C'est génial pour démouler facilement les gâteaux !

Le grille-pain pour des sandwichs croustillants ! À tester avec des pains de toutes sortes.

Les moules à esquimaux pour faire d'excellentes glaces à l'eau ou aux fruits.

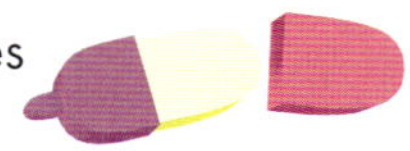

Les petits plus

Le papier absorbant pour essuyer les légumes et les fruits passés sous l'eau.
Le papier sulfurisé pour faire cuire des petits gâteaux et les décoller en un clin d'œil !
Le papier d'aluminium pour conserver au chaud ou ranger les petits restes.
Le film alimentaire pour laisser reposer une pâte au frais ou réchauffer un plat au micro-ondes.

Les équivalences

1 cuillère à soupe contient environ :
10 g de farine
15 g de sucre en poudre

1 cuillère à café contient environ :
4 g de farine
5 g de sucre en poudre

1 verre à moutarde de 200 g contient environ :
100 g de farine
150 g de sucre en poudre
20 cl d'eau ou de lait

Attention, dangers !

1 Pas d'escalade !

Demande à un adulte d'attraper le saladier en haut de l'étagère et ne monte pas toute seule sur un tabouret. C'est dangereux !

2 Ça coupe !

Les couteaux ou les ciseaux sont à manipuler avec précaution, toujours en présence d'un adulte. N'attrape jamais ces ustensiles en les tenant par la lame et ne les dirige pas vers tes yeux.

3 Ça brûle !

N'allume et n'éteins jamais seule le four ou les plaques de cuisson. Ne pose pas tes mains sur une plaque qui peut être brûlante. Éloigne-toi des plats avec de l'eau qui bout ou de l'huile très chaude. Elles envoient des petites projections qui peuvent brûler tes mains ou ton visage !

4 Brrr !

Les portes du réfrigérateur et du congélateur doivent toujours être bien fermées. Sinon, le froid s'échappe et les aliments risquent de s'abîmer. De plus, cela augmente la consommation d'électricité, et c'est très mauvais pour l'environnement !

❺ Les appareils électriques

En cas de mauvaise manipulation, ou si tu renverses de l'eau sur la prise à laquelle ils sont branchés, les appareils électriques peuvent prendre feu et provoquer un incendie. Tu dois attendre que ton mixeur soit débranché pour enlever son couvercle et manipuler son contenu.

❻ Le four à micro-ondes

ne doit jamais être mis en route quand il est vide. Ne dépose aucun objet métallique dedans et méfie-toi des plats qui viennent d'être réchauffés. Même si le dessus est froid, l'intérieur peut être brûlant !

Pas de panique !

Tu as renversé un verre et il s'est cassé ? Ne ramasse surtout pas seule les morceaux, ils peuvent couper très fort. Ton gâteau est en train de brûler ? Appelle maman et ne cherche pas à le sortir du four.

Tu ne dois jamais cuisiner sans ton papa ou ta maman.

Les recettes de printemps

Joyeux anniversaire !

Pour ce jour exceptionnel, tu as prévu un goûter de conte de fées et des recettes très fruitées. Ta maman t'aide à tout préparer. C'est si joli que tes copines auront encore plus envie d'y goûter. Tout est prêt ? La fête peut commencer ! Et n'oublie pas de demander à papa de faire des photos souvenir !

Les roses blanches des sables

- 10 minutes
- 3 minutes
- 2 heures au réfrigérateur
- facile

Ingrédients

Pour 4 à 6 copines

- 150 g de chocolat blanc
- 50 g de beurre
- 2 cuillères à soupe de lait
- 2 cuillères à soupe de sucre glace
- 100 g de pétales de maïs (corn flakes)

Des petites bouchées craquantes !

1 Dépose dans la casserole le chocolat coupé en petits morceaux. Facile, avec les carrés ! Ajoute le beurre et le lait.

2 Fais fondre à feu très doux en mélangeant tout doucement. Ajoute une cuillère à soupe de sucre glace. Mélange encore. C'est parfait !

3 Dans un saladier, verse les corn flakes et mélange-les délicatement avec ta préparation au chocolat. Non, non, pas avec les doigts !

4 Dépose des petits tas de céréales au chocolat sur une plaque recouverte de papier sulfurisé. Direction le réfrigérateur !

5 Patiente environ 2 heures et dispose tes roses des sables sur un joli plat ! Petite touche finale : saupoudre-les de sucre glace. C'est magnifique ! Tes copines vont se régaler !

Tout aussi délicieux :
les roses des sables au chocolat noir !
Présente-les comme sur un damier en alternant
les roses des sables blanches et noires.

La sangria des super copines

Petit plaisir à siroter !

Une boisson de fête !

10 minutes
1 heure
facile

1 Verse dans le saladier le jus d'orange et le jus de fruits rouges.

2 Ajoute le sirop de grenadine et l'eau.

3 Mélange doucement le tout quelques secondes avec une cuillère en bois. Attention aux éclaboussures !

4 Passe sous l'eau le citron et l'orange. Sèche-les avec un papier absorbant pour qu'ils ne glissent pas entre tes doigts. Découpe-les en fines rondelles sur la planche à découper.

5 Hop ! Tu plonges ces belles rondelles dans le saladier. Tu viens de préparer une sangria, comme les grands ! N'oublie pas de la mettre au réfrigérateur pendant 1 heure… La sangria se boit bien fraîche : ajoute des glaçons juste au moment où tes invitées arrivent. Et que la fête commence !

Tu peux remplacer l'eau et la grenadine par de la limonade. Ta sangria sera plus acidulée, tes copines vont adorer !

Ingrédients

Pour 6 copines

- 1 litre de jus d'orange
- 1 litre de jus de fruits rouges
- 1/2 litre d'eau
- 3 cuillères à soupe de sirop de grenadine
- 1 citron vert
- 1 orange

Joyeux anniversaire !

Le gâteau des princesses

Un gâteau-château pour un anniversaire de conte de fées !

- 20 minutes
- 25 minutes
- facile

Ingrédients

Pour 4 à 6 copines

- 300 g de chocolat noir
- 150 g de beurre
- 50 g de farine
- 1/2 sachet de levure chimique
- 3 œufs
- 150 g de sucre en poudre
- 4 cornets à glace
- 3 cuillères à soupe de crème liquide
- Des bonbons

1 Préchauffe le four à 150 °C (th. 5).

2 Fais fondre 200 g de chocolat avec une cuillère à soupe d'eau à feu très doux. Ajoute le beurre et mélange bien avec une cuillère en bois jusqu'à ce que la préparation soit bien lisse.

3 Dans un saladier, mélange la farine avec la levure. Ajoute les œufs, le sucre et tourne bien avec le fouet. Hop ! Verse maintenant le chocolat et le beurre fondus.

4 Beurre ton moule et verse dedans ta préparation. C'est parti pour 25 minutes de cuisson au four !

5 Et enfin la déco : fais fondre le chocolat restant avec la crème liquide et une cuillère à soupe d'eau. Mmm, la délicieuse sauce au chocolat !

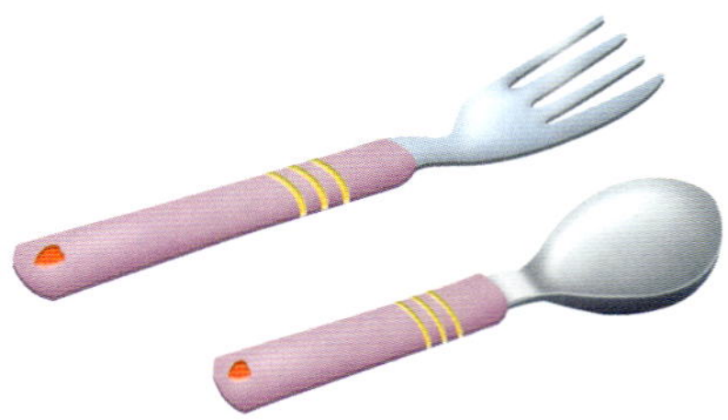

6 Badigeonne de chocolat, à l'aide d'un petit couteau, les cornets. Colle ensuite des vermicelles de couleur et mets au réfrigérateur quelques minutes pour que le chocolat durcisse.

7 Super ! Le gâteau est cuit ! Sors-le du four et attends qu'il refroidisse avant de le démouler sur un joli plat.

8 Dispose les cornets sur le gâteau comme les tours d'un château et mets des bonbons entre les tours pour faire une muraille. Bravo ! Avec des bougies scintillantes, ce gâteau des princesses fera vivre un vrai moment de féerie à tes copines !

Le savais-tu ?

Il faut faire un vœu au moment où l'on souffle ses bougies d'anniversaire. Si l'on parvient à les éteindre toutes en même temps, le vœu sera exaucé !

Les verrines aux fraises

Comme les grands pâtissiers !

15 minutes
très facile

1 Rince les fraises sous l'eau fraîche et enlève leur petite queue verte. Mets quatre fraises de côté.

2 Écrase les palets bretons dans un bol. Tu as le droit de les effriter entre tes doigts, ta maman ne se fâchera pas !

3 Dépose au fond de quatre verres une couche de palets bretons émiettés. Mets la même quantité dans chaque verre. Garde un peu de miettes de côté pour la petite touche finale.

4 Coupe le reste des fraises en tout petits morceaux et ajoute-les dans chaque verre.

5 Zou ! Tu ouvres tes petits pots de crème à la vanille et tu en verses avec une petite cuillère sur les fraises.

6 Place une fraise dans chaque verre.
Un peu de miettes de palets bretons par-ci, un peu par-là. Tes verrines sont parfaites ! Conserve-les au frais jusqu'à l'arrivée de tes copines. Quel bon goûter d'anniversaire !

Ingrédients

Pour 4 copines
- 500 g de fraises
- 6 palets bretons
- 2 petits pots de crème dessert à la vanille

Le savais-tu ?

Pour aller plus vite, tu peux remplacer les fraises par de la confiture… de fraises !

Brrr ! C'est froid !

Les esquimaux tutti frutti

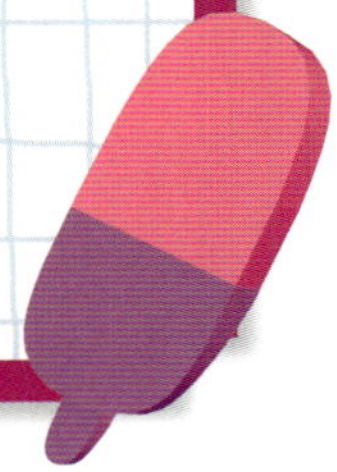

⏲ 10 minutes
3 heures au réfrigérateur
facile

Des glaces 100 % fruits pour épater tes amies !

N'oublie pas de laisser décongeler les framboises étalées dans un plat, 1 heure avant de commencer ta recette.

1 Verse les framboises dans le bol du mixeur. Pense à bien refermer le couvercle pour ne pas être éclaboussée par le jus des framboises. Et c'est parti pour un tour ! Quand la préparation devient bien homogène, c'est prêt !

2 Mélange dans le saladier les framboises mixées avec le sucre à confiture. Allez, on touille bien !

3 Verse la préparation dans six moules à esquimaux. Place-les ensuite dans le congélateur. Un peu de patience, dans quelques heures, tu pourras déguster avec tes copines ces glaces au bon goût de fruits !

Ingrédients

Pour 6 copines

- 500 g de framboises surgelées
- 100 g de sucre à confiture

Avec des pêches ou des fraises mixées, c'est carrément bon !

Les brochettes en fête !

Fruits exquis et bonbons favoris, aujourd'hui tout est permis !

1 Rince les fraises et pose-les sur du papier absorbant. Enlève leur petite queue, puis coupe-les en deux. Délicatement, sinon tu fais de la purée de fraises !

2 Coupe les kiwis en deux et épluche-les avec un couteau. Pour les bananes, la peau s'enlève plus facilement ! Maintenant, coupe les kiwis et les bananes en rondelles assez épaisses. Arrose-les avec un peu de jus de citron pour qu'elles ne noircissent pas. C'est magique !

3 Mmmm, tous ces fruits et ces bonbons sentent très bon ! Une fraise, une rondelle de banane, une fraise Tagada, une rondelle de kiwi, un bonbon « banane », un chamallow, un rouleau de réglisse… fais-les coulisser sur les piques en bois. Pense à bien alterner les couleurs, c'est toi l'artiste ! Tes copines te féliciteront !

Ingrédients

Pour 6 copines

- 500 g de fraises
- 3 bananes
- 3 kiwis
- 12 fraises Tagada
- 6 rouleaux de réglisse
- 12 chamallows
- 12 bonbons « bananes »
- 1 citron

15 minutes
très facile

Pour un goûter en toute sécurité, n'oublie pas de couper les extrémités pointues des piques en bois !

25 minutes
1 heure au réfrigérateur
10 à 12 minutes
facile

Cric, crac, croc…

Les poupées à croquer

Des petits sablés à personnaliser !

Ingrédients

Pour une douzaine de sablés

- 200 g de farine
- 100 g de beurre mou
- 90 g de sucre en poudre
- 1 cuillère à café de levure chimique
- 1 sachet de sucre vanillé
- 2 cuillères à soupe de lait
- 2 jaunes d'œufs
- 1 crayon pâtissier
- Des Smarties

1 Mélange la farine et la levure dans un saladier. Ajoute le beurre, le sucre en poudre et le sucre vanillé.

2 Bats les jaunes d'œufs dans un bol. Ajoute-les avec le lait dans le saladier. Tu peux pétrir la pâte maintenant ! Ta boule est bien lisse ? Recouvre le saladier d'un film alimentaire, et hop, au réfrigérateur pendant 1 heure !

3 Préchauffe le four à 180 °C (th. 6).

4 Sur un plan de travail fariné, étale ta pâte avec un rouleau à pâtisserie. Avec un couteau, détoure des silhouettes de poupées. Détache-les et dépose-les sur une plaque recouverte de papier sulfurisé.

5 Mets les sablés au four pendant 10 à 12 minutes. Mmm, quelle odeur délicieuse ! Laisse tes petites poupées refroidir quelques minutes.

6 Chaque copine dessine les yeux, la bouche et les cheveux de sa poupée avec un crayon pâtissier et décore la robe avec des Smarties. Laquelle est la plus jolie ?

Le savais-tu ?

Si tu n'es pas très à l'aise pour découper la pâte, il existe des emporte-pièce aux multiples formes : animaux, cœurs, étoiles, tu peux varier tes créations à l'infini !

Les recettes d'été

Vive le pique-nique !

C'est l'été ! Au bord de l'eau ou dans un pré, avec tes parents, vous avez tout le temps de vous détendre, de vous amuser et de picorer les mini-sandwichs et les légumes croquants bien rangés dans le panier. On peut manger avec les doigts : pour une fois, on a le droit !

Bon appétit !

Les cookies salés aux pépites de fromage

15 minutes
10 à 12 minutes
facile

Pour les fans de fromage fondu !

1 Préchauffe le four à 200 °C (th. 6-7).

2 Découpe la mimolette en tout petits dés et fais fondre le beurre à feu très doux.

3 Verse la farine dans un saladier avec la levure. Mélange bien. Ajoute ensuite l'œuf, le beurre fondu et le parmesan râpé. Allez, mélange encore ! C'est le moment de verser le lait pour que la pâte devienne plus lisse.

4 Ajoute les dés de mimolette et donne encore quelques tours de cuillère. Un peu de sel, du poivre, mais pas trop…

5 Dispose des petits tas de pâte, bien espacés, sur la plaque du four recouverte de papier sulfurisé.

6 Mets ta plaque dans le four pendant 10 à 12 minutes. Dès que les cookies commencent à dorer, il faut vite les sortir !

7 N'oublie pas de laisser refroidir les cookies avant de les ranger dans une boîte spéciale pique-nique !

Ingrédients

Pour 4 à 6 copines

- 180 g de mimolette (le fromage orange !)
- 100 g de farine
- 1/2 sachet de levure chimique
- 1 œuf
- 100 g de beurre salé
- 60 g de parmesan râpé
- 1 cuillère à soupe de lait
- Sel et poivre

Le savais-tu ?

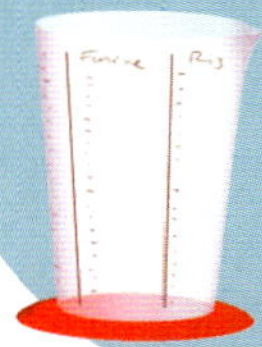

Si tu aimes le roquefort, ajoutes-en quelques morceaux émiettés dans ta pâte en diminuant les quantités de parmesan et de mimolette.

Les gressins déguisés

Cric, croc !

1 Coupe les tranches de jambon en deux et enlève le gras. Enroule autour de chaque gressin les lanières de jambon. Oh, les belles jupes !

2 Avec chaque brin de ciboulette, fais un nœud autour de chaque gressin, comme si tu nouais un petit foulard.

3 La tête, maintenant ! Trempe les extrémités des gressins dans du fromage frais. En voilà une jolie coiffure ! Allez, coupe les olives en deux et pose-les au-dessus de la petite boule de fromage frais. Quels beaux chapeaux !

4 Range tes gressins bien à plat dans une boîte en plastique rectangulaire et essaie de ne pas trop les secouer jusqu'au pique-nique. Ce serait dommage de les abîmer, tes copines préfèrent les dévorer entiers !

10 minutes
facile

Si le jambon se décolle, tu peux tartiner les gressins avec une fine couche de fromage frais et enrouler le jambon par-dessus pour qu'il tienne mieux...

Ingrédients

Pour 4 copines

- 8 gressins (des bâtonnets de pain italiens)
- 4 tranches fines de jambon de Parme
- 4 carrés de fromage frais
- 8 brins de ciboulette
- 4 olives noires dénoyautées

Les wraps du Grand Nord

Mmm, c'est bon !

Gla-gla !

⏱ 10 minutes
très facile

1 Étale le fromage frais sur chaque tortilla. Découpe les brins d'aneth rincés et séchés en toutes petites brindilles au-dessus de chaque tortilla, comme si tu les saupoudrais de poudre magique. Voilà de drôles de tartines !

2 Dépose des petites feuilles de laitue sur le fromage frais, en appuyant bien du bout des doigts.

3 Découpe des lanières de saumon et répartis-les sur chaque tortilla. Quelle artiste ! Allez, un peu de jus de citron pour donner un goût délicieux.

4 Enroule chaque tortilla sur elle-même, comme si tu refermais un message secret. Coupe tes wraps en deux. Oh ! les beaux rouleaux ! Garde-les au frais avant de les déguster avec tes copines, sans tarder !

Le savais-tu ?
En anglais, *to wrap* signifie envelopper, rouler !

Ingrédients

Pour 4 copines

- 4 tortillas de blé
- 4 tranches de saumon fumé
- 4 carrés de fromage frais
- 8 brins d'aneth
- 1/2 sachet de laitue iceberg (brrr !)
- 1/2 citron

Un plein de vitamines !

🕓 15 minutes
très facile

Les drôles d'insectes

BZZZ !

Bzzz ! Ils ne piquent pas et se dévorent en une bouchée !

Ingrédients

Pour 4 à 6 copines
- 10 petites tomates cerises
- 100 g de chèvre frais
- 4 brins de ciboulette
- 8 olives noires dénoyautées
- 1 cuillère à soupe de grains de maïs
- 5 radis
- 1 petit morceau de concombre

1 Passe les radis et les tomates cerises sous l'eau et sèche-les. Coupe les deux extrémités des radis. Hop ! Ils sont prêts à être découpés en rondelles !

2 C'est au tour du concombre d'être lavé. Coupe des rondelles épaisses et recoupe-les en deux, en quatre, puis en huit. Ces petits triangles verts feront de jolies ailes !

3 Découpe chaque tomate en deux. Avec une cuillère, vide-les et garnis-les avec du chèvre frais.

4 Maintenant, à toi d'inventer des insectes ! Dépose quelques grains de maïs par-ci, les petites ailes de concombre par-là, deux brins de ciboulette pour faire les antennes, une rondelle de radis pour la tête. Sers-toi aussi des olives pour imiter les points noirs des coccinelles.

5 Quelles drôles de bébêtes ! Range-les bien à plat dans une boîte en plastique. Elles réserveront une belle surprise à tes copines affamées !

BZZZ !

Le savais-tu ?

Ta maman a peut-être d'autres légumes dans sa cuisine. N'hésite pas à tester cette recette avec des olives vertes, des dés de poivron ou des bâtonnets de carotte.

Un petit régal !

Les club-sandwichs mexicains

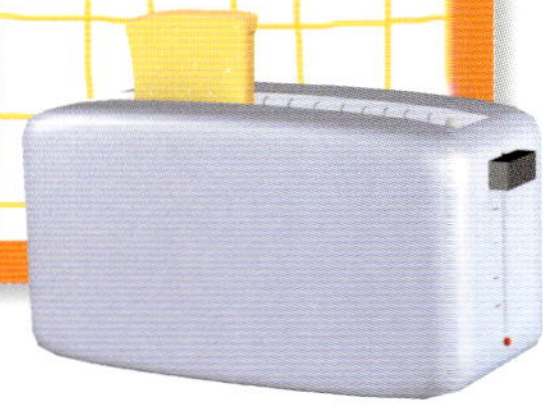

15 minutes
2 minutes
facile

Caramba !

1 Fais griller les tranches de pain de mie dans le grille-pain.

2 Coupe l'avocat en deux, puis en quatre. Enlève le gros noyau et la peau. Coupe l'avocat en lamelles et asperge-les avec le jus du citron.

3 Découpe le poulet en morceaux assez fins. Nettoie soigneusement la tomate et découpe-la en rondelles.

4 Prends une tranche de pain et tartine-la avec un peu de mayonnaise. Dépose dessus des lamelles d'avocat, du poulet, des grains de maïs, une belle rondelle de tomate. Sale et poivre. Hop ! Tartine une autre tranche de pain avec un peu de mayonnaise et retourne-la sur le tout.

5 Coupe ton sandwich en diagonale pour former deux beaux triangles. Félicitations ! Tes copines se croiront au restaurant mexicain ! Allez, tu continues avec deux autres tranches de pain ?

Ingrédients

Pour 4 copines
- 8 grandes tranches de pain de mie
- 1 avocat bien mûr
- 2 cuillères à soupe de grains de maïs
- 2 blancs de poulet cuits et froids
- 1 tomate
- 1/2 citron
- Mayonnaise
- Sel et poivre

Devinettes :
l'avocat est-il un fruit ou un légume ?
Et la tomate ?

Ce sont tous les deux des fruits. Bravo !

La salade de pêches à pois rouges et verts

Un dessert joli à regarder et délicieux à déguster !

Ingrédients

Pour 4 copines
- 4 pêches jaunes bien mûres
- 10 feuilles de menthe
- 4 petites grappes de groseilles rouges

15 minutes
facile

1 Épluche les pêches. Leur peau toute soyeuse se décolle facilement, c'est drôle ! Découpe-les en petits morceaux et dépose-les dans un saladier.

2 Rince les feuilles de menthe à l'eau fraîche. Pose-les sur du papier absorbant pour qu'elles sèchent. Place les feuilles de menthe comme des petits morceaux de papier dans la perforatrice, en te plaçant au-dessus du saladier. Lorsque tu appuies, une pluie de confettis de menthe tombe sur les pêches.
Si tu n'as pas de perforatrice, tu peux utiliser des ciseaux, c'est aussi rigolo !

3 Détache les groseilles de leurs grappes et passe-les sous l'eau. Et hop, dans le saladier !

4 Mets le saladier recouvert d'un film alimentaire au réfrigérateur en attendant le départ pour le pique-nique. C'est tellement joli, tes copines seront ravies !

Amuse-toi à frotter les feuilles de menthe entre tes mains. Mmm, comme ça sent bon !

À vos tabliers !

Le cake italien

Mamma mia ! Che buono !

15 minutes
40 minutes
facile

1 Préchauffe le four à 180 °C (th. 6). Coupe les tomates en petits morceaux et laisse-les égoutter dans une passoire.

2 Coupe la mozzarella en petits dés. Dans un saladier, mélange les œufs avec le fouet. Verse la farine, la levure et fouette encore. Ajoute l'huile d'olive, le lait et le gruyère râpé. Ton mélange est bien lisse, continue !

3 Plouf ! Fais tomber les morceaux de tomates dans ta préparation. On dirait des poissons rouges ! Au tour de la mozzarella ! Et voilà le basilic. Sale et poivre. Mélange délicatement.

4 Verse la préparation dans un moule à cake en silicone et mets au four pendant 40 minutes. Tic-tac !

5 Ton cake est bien gonflé et bien doré. Il aura beaucoup de succès auprès de tes copines !

Ingrédients

Pour 4 à 6 copines

- 3 œufs
- 150 g de farine
- 1 sachet de levure chimique
- 2 cuillères à soupe d'huile d'olive
- 125 ml de lait
- 4 tomates pelées en conserve
- 2 pincées de basilic haché surgelé
- 150 g de mozzarella
- 70 g de gruyère râpé
- Sel et poivre

Le savais-tu ?

Surveille la cuisson du cake à travers la vitre du four. Si le dessus commence à prendre une couleur foncée, place une feuille d'aluminium sur le moule pour que le cake continue à cuire sans avoir une croûte toute brûlée !

Les recettes d'automne

Un goûter gourmand

Rentre vite de l'école pour savourer un bon goûter ! Brioche surprise, smoothie tout doux et chocolat chaud. C'est un vrai bonheur de se retrouver dans le salon avec les copines pour reprendre des forces avant de commencer les devoirs.

Oh, la gourmande !

Le duo chocos

Une nouvelle version du chocolat chaud !

Ingrédients

Pour 4 copines
- 140 g de chocolat blanc
- 25 cl de lait entier
- 1 cuillère à soupe de sucre
- 4 cuillères à soupe de mousse au chocolat noir

10 minutes
5 minutes
facile

1 Verse dans une casserole le lait et le sucre. Fais chauffer très fort jusqu'à ébullition. Tu ne peux pas te tromper, des petites bulles se forment alors sur le dessus du lait.

2 Verse le chocolat blanc coupé en morceaux, petit à petit, et fouette énergiquement. Baisse le feu de la plaque de cuisson, sinon ton chocolat va brûler. Tourne, tourne… Tous les carrés de chocolat doivent être bien fondus. Tu es vraiment très forte !

3 Remplis à moitié quatre verres de chocolat chaud. Laisse refroidir quelques instants.

4 Dépose dans chaque verre une grosse cuillère de mousse au chocolat. C'est génial, elle flotte !

5 Plus une seconde à perdre, sers tout de suite tes duos chocos à tes copines !

Le savais-tu ?

Avec quelques miettes de meringue saupoudrées sur le dessus, tes duos chocos seront très chics !

À vos piques !

La fondue au chocolat

Pour faire le plein de vitamines en s'amusant !

15 minutes
5 minutes
facile

1 Fais fondre le chocolat avec une cuillère à soupe d'eau à feu très doux et mélange avec une cuillère en bois. Verse doucement la crème liquide. Tournicoti-tournicota, comme il sent bon ce chocolat !

2 Épluche les bananes et coupe-les en rondelles. Au tour des clémentines ! Épluche-les et détache les quartiers les uns des autres.

3 Coupe le kiwi en deux et enlève sa peau toute poilue. Découpe des tranches épaisses. Coupe les tranches d'ananas en petits triangles.

4 Hop ! Plante des jolies piques dans les fruits et dispose-les sur quatre petites assiettes. N'oublie pas de les arroser de jus de citron.

5 Verse la sauce au chocolat encore chaude dans un petit saladier et dispose-le au centre de la table.

6 Ta fondue est prête ! Prépare-toi à de grands éclats de rire avec les copines... Lorsque vous tremperez les fruits dans le chocolat, celle qui fait tomber son fruit a un gage !

Ingrédients

Pour 4 copines

- 200 g de chocolat noir
- 10 cl de crème liquide
- 2 bananes
- 2 clémentines
- 1 kiwi
- 2 tranches d'ananas au sirop
- 2 cuillères à café de jus de citron

Avec des chamallows trempés dans le chocolat, ta fondue sera encore plus gourmande !

Le délice aux poires

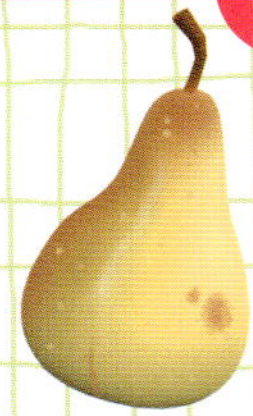

Un vrai feu d'artifice pour les papilles !

10 minutes
5 minutes
très facile

1 Sors la glace à la vanille du congélateur. Fais chauffer au bain-marie le pot de Nutella pendant 5 minutes.

2 Découpe les poires en petits morceaux et dépose-les au fond de quatre verres.

3 Miam-miam ! Verse deux cuillères à café de Nutella sur la couche de poires, pas plus !

4 C'est au tour de la glace ! Mets une cuillère à soupe dans chaque verre.

5 Dépose une cuillère à café de mini-céréales au chocolat pour terminer tes verrines.

6 Vite ! Plus une minute à perdre... Le chocolat chaud, le croustillant des céréales et la fraîcheur de la glace : plein de sensations délicieuses pour le goûter avec les copines !

Ingrédients

Pour 4 copines

- 4 poires au sirop
- 4 cuillères à soupe de glace à la vanille
- 8 cuillères à café de Nutella
- 4 cuillères à café de mini-céréales soufflées au chocolat

Comment chauffer un plat au bain-marie ?
On dépose le récipient dans une casserole remplie d'eau qui chauffe sur une plaque de cuisson.
Bravo, le marmiton !

La potion des sorcières

1. 2. 3. Abracadabra !

Un smoothie rouge foncé aux pouvoirs magiques !

Prévois de laisser décongeler les fruits étalés dans un plat, 1 heure avant de commencer ta recette.

1 Épluche la banane et découpe-la en rondelles. On verra bien si tes copines reconnaissent son goût dans la potion…

2 Verse les fruits rouges dans le bol du mixeur. Ajoute le fromage blanc et le lait. Oups ! N'oublie pas les rondelles de banane !

3 Ferme bien le couvercle du mixeur et mets-le en marche en prononçant ta formule de sorcière : « Du bon lait, du fromage blanc et des fruits, mélangez-vous vite, j'attends mon smoothie ! » Vérifie que le mélange soit bien onctueux. C'est parfait !

4 Quelle belle couleur ! Verse tout de suite ta potion dans de jolis verres. Si tes copines ne sont pas encore arrivées, conserve les verres au réfrigérateur.

Ingrédients

Pour 4 copines

- 300 g de fruits rouges surgelés
- 1 banane
- 150 ml de lait
- 100 g de fromage blanc sucré

Petite touche de sorcière :
accroche sur chaque verre un rouleau de réglisse découpé en forme d'araignée. Frissons garantis !

5 minutes
facile

C'est beau !

La brioche surprise

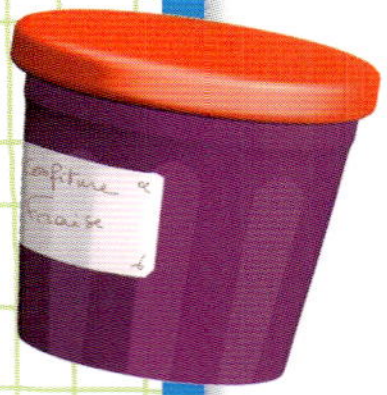

Pour un goûter de fête !

1 Enlève la croûte tout autour des tranches de brioche. Voilà des beaux carrés bien nets ! Fais deux tas de six tranches. Tu as bien compté ?

2 Prends les tranches du premier tas et tartine-les de la façon suivante :
- deux tartines avec du Nutella,
- deux tartines avec du beurre et de la confiture,
- deux tartines avec du beurre et du miel.

3 Pose sur chacune des six tranches tartinées une tranche sans rien du tout.

4 Un peu de géométrie ! Tu vas couper chaque sandwich dans la diagonale. Tu obtiens deux triangles. Voilà des mini-sandwichs tout mignons ! Maintenant, place quatre mini-sandwichs les uns à côté des autres en formant un cercle. Superpose trois autres couches en essayant de ne pas tout faire tomber !

5 Dispose quelques petits bonbons sur les tranches du dessus. Voici une pyramide pleine de surprises pour copines gourmandes !

15 minutes
facile

Ingrédients

Pour 4 copines
- 12 tranches de brioche
- 1 pot de confiture : fraises, abricots ou framboises, tu choisis !
- 1 petit pot de Nutella
- 1 petit pot de miel liquide
- 1 barquette de beurre facile à tartiner
- Des bonbons

Le savais-tu ?

Tu peux aussi étaler tous tes mini-sandwichs en forme d'étoile géante, succès garanti !

Les recettes
d'hiver

Une soirée pyjama

Ce soir, tes meilleures copines dorment chez toi. Devinettes, défilé de chemises de nuit, concours de grimaces, vous avez plein de bons moments à partager. Mais avant de vous raconter vos secrets, régalez-vous avec le fabuleux dîner que tu as préparé avec maman !

Le méli-mélo Parmentier

Une purée maison pleine de surprises !

15 minutes
20 minutes
facile

1 Coupe la mimolette en petits dés et mets-la de côté dans un bol.

2 Épluche les pommes de terre et rince-les. Ensuite, coupe-les en petits cubes.

3 Fais cuire les pommes de terre dans une grande casserole d'eau bouillante avec le gros sel pendant 20 minutes. Égoutte-les avant de les verser dans un grand saladier.

4 Zou, ajoute vite le lait ! À toi de jouer ! Tu écrases les pommes de terre avec une fourchette en appuyant bien fort. Verse la crème liquide et mélange bien. Sale et poivre, un peu mais pas trop ! Tu viens de préparer une vraie purée !

5 Tes copines sont prêtes ? Verse le jambon et les dés de mimolette sur ta purée chaude. Répartis-les avec une fourchette. Saupoudre d'un peu de persil, ajoute du beurre… le méli-mélo Parmentier va les éblouir !

Ingrédients

Pour 4 copines

- 1 kg de pommes de terre
- 2 cuillères à soupe de lait
- 2 cuillères à soupe de crème liquide
- 1 barquette de dés de jambon blanc
- 100 g de mimolette (le fromage orange !)
- Persil haché surgelé
- 1 pincée de gros sel
- 1 morceau de beurre
- Sel et poivre

Le savais-tu ?

Parmentier est le nom
de celui qui a découvert
la pomme de terre : M. Parmentier !

Les pâtes des super copines

Idéal pour les soirées d'hiver !

Ingrédients

Pour 4 copines
- 400 g de pâtes de couleur
- 1 petite boîte de tomates pelées
- 1 petite boîte de champignons de Paris
- 100 g de lardons fumés
- 1 cuillère à café de thym surgelé
- Sel et poivre

1 Égoutte les champignons et rince-les. Coupe-les en deux et mets-les de côté.

2 Fais chauffer une poêle à feu moyen. Verse les lardons et remue-les avec une spatule. Baisse le feu sous la poêle et ajoute les champignons.

3 C'est au tour des tomates ! Plouf ! Mélange délicatement tous les ingrédients. Ajoute la cuillère de thym, du sel et du poivre.

4 Hop ! Un couvercle sur la poêle ! Laisse mijoter ta sauce à feu très doux pendant que tu fais cuire les pâtes.

5 Fais chauffer de l'eau dans une grande casserole. L'eau bout ? Verses-y les pâtes. Mélange régulièrement. Surveille attentivement le temps de cuisson et goûte comme les grands chefs. C'est bon ? Il est temps d'égoutter les pâtes !

6 Verse-les maintenant dans un grand saladier. Il faut vite ajouter la sauce. Mmm ! À table, les copines ! Les pâtes doivent se déguster « illico presto » !

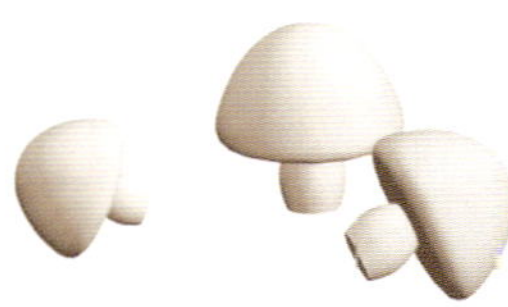

Le savais-tu ?

Papillons, fusillis, pennes, coquillettes, les formes des pâtes sont très variées. Autant d'occasions de les savourer !

Les tagliatelles de carottes

C'est rigolo !

15 minutes
10 minutes
un peu délicat

Pâtes ou légumes ?

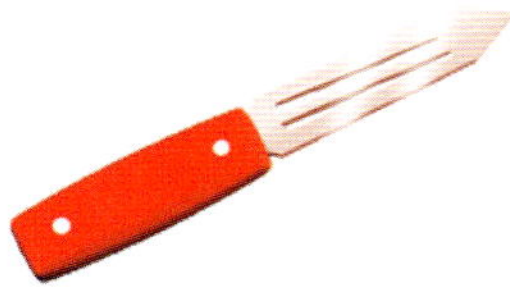

1 Coupe les deux extrémités des carottes et épluche-les. Passe-les sous l'eau froide.

2 Fais bouillir de l'eau dans une casserole avec le sel et l'huile d'olive.

3 Place-toi au-dessus d'une assiette. Avec l'Économe, forme des longues bandes fines de carotte, en allant bien du haut vers le bas.

4 Plonge les bandes de carottes dans l'eau bouillante pendant 10 minutes. Tu as vu, on dirait de vraies tagliatelles !

5 Égoutte tes tagliatelles dans la passoire. Quelle belle couleur orange ! Sers-les avec du beurre salé. Mmm ! C'est fondant et délicieux ! Et tes copines, ont-elles découvert ton secret ?

Ingrédients

Pour 4 copines

- 4 carottes de taille moyenne
- 1 cuillère à café d'huile d'olive
- 1 pincée de gros sel
- 1 morceau de beurre salé

N'hésite pas à ajouter un peu de persil juste avant de servir !

Les couronnes des reines

Des mini-galettes des Rois, rien que pour les filles !

1 Préchauffe le four à 180 °C (th. 6).

2 Déroule la pâte feuilletée et découpe quatre rectangles de la même taille. Étale de la compote au milieu de chaque rectangle sans aller trop près des bords. Referme les rectangles comme des petits sacs.

3 Découpe le bord supérieur des rectangles en formant des petites pointes.

4 Range les couronnes sur la plaque du four recouverte de papier sulfurisé. Avec un pinceau, recouvre-les de jaune d'œuf. Hop ! Au four pendant 10 à 12 minutes. Il faut que les couronnes soient bien dorées pour être dignes des reines !

5 Sors-les du four et laisse-les refroidir quelques minutes. Chaque copine décore sa couronne avec des bonbons et donne un nom à son royaume gourmand !

Ingrédients

Pour 4 copines

- 1 rouleau de pâte feuilletée
- 200 g de compote de pommes
- 1 jaune d'œuf
- Des bonbons

Comme pour la galette des Rois, cache une fève à l'intérieur des rectangles de pâte avant de les refermer. Et n'oublie pas les couronnes en papier à mettre sur la tête !

10 minutes
10 à 12 minutes
très facile

Surprise !

Les muffins vitaminés

Des gâteaux moelleux au goût unique !

1 Préchauffe le four à 200 °C (th. 6-7).

2 Dans une petite casserole, fais fondre le beurre à feu très doux, sans le quitter des yeux.

3 Dans un saladier, mélange la farine et la levure. Ajoute le sucre et le sel !

4 Hop ! Tu casses l'œuf pour l'incorporer au mélange. Vite, tu ajoutes le lait et le beurre fondu ! Tourne, tourne avec ton fouet. Petite touche finale, tu verses le jus d'orange qui donnera une saveur unique à tes muffins.

5 Verse délicatement la préparation dans les moules à muffins en silicone. Attention ! Ne les remplis pas jusqu'au bord, tes gâteaux vont gonfler pendant la cuisson !

6 Mets tes moules au four pendant 20 minutes. Si tes muffins sont déjà dorés, n'hésite pas à les sortir un peu plus tôt.

7 Une fois refroidis, dispose sur tes muffins des petits bonbons colorés et présente-les dans des caissettes en papier blanc. Ce soir, c'est la fête avec les copines !

10 minutes
20 minutes
facile

Ingrédients

Pour 4 à 6 copines

- 150 g de farine
- 1/2 sachet de levure chimique
- 75 g de sucre
- 1 pincée de sel
- 100 g de beurre
- 1 œuf
- 10 cl de lait
- 15 cl de jus d'oranges pressées
- Des bonbons

Le savais-tu ?

Teste cette recette sans jus d'orange, mais avec 20 cl de lait. Ajoute des pépites de chocolat ou des framboises… À toi de créer plein d'autres muffins !

Merci à Solène et à Marie-Sophie
pour leurs conseils.

Photograveur : Point4
Achevé d'imprimer en mars 2009
par SNP en Chine
Dépôt légal : avril 2009

Miam !
Croc !